Generis
PUBLISHING

Qualidade de Vida no Trabalho em Países em Desenvolvimento

Hierarquia, Humanização e os Desafios Institucionais nas Forças Armadas Africanas

Juvenal Laurinda da Silva Chadreque

Title: **Qualidade de Vida no Trabalho em Países em Desenvolvimento**

Hierarquia, Humanização e os Desafios Institucionais nas Forças Armadas Africanas

ISBN: 979-8-89966-012-2

Author: Juvenal Laurinda da Silva Chadreque

Cover image: Juvenal Laurinda da Silva Chadreque

Publisher: Generis Publishing
Online orders: www.generis-publishing.com
Contact email: info@generis-publishing.com

Juvenal Laurinda da Silva Chadreque

Qualidade de Vida no Trabalho em Países em Desenvolvimento

Hierarquia, Humanização e os Desafios Institucionais nas Forças Armadas Africanas

Quality of Work Life in Developing Countries

Hierarchy, Humanization, and Institutional Challenges in African Armed Forces

CONTENTS

ORELHA POSTERIOR – VERSÃO EM PORTUGUÊS

Sobre o autor

Juvenal Laurinda da Silva Chadreque é oficial superior das Forças Armadas de Moçambique, formado em Ciências Militares com especialidade em Piloto Aviador, e investigador pós-doutoral em Qualidade de Vida no Trabalho (QVT), focado em contextos militares e países em desenvolvimento. A sua trajectória singular articula experiência operacional e institucional de alto nível, investigação aplicada e cooperação académica internacional.

Diplomado pelo Curso de Estado-Maior Conjunto no Instituto Superior de Estudos de Defesa "Tenente General Armando Emílio Guebuza", colabora com centros de excelência como a **Universidade de Bordeaux (França)** e o **Centro Brasileiro de Estudos de Ciências Sociais (CBEXS)**. A sua investigação oferece uma leitura crítica e humanizada das organizações armadas, explorando os desafios da hierarquia e as potencialidades para o bem-estar institucional.

Este livro resulta de anos de pesquisa empírica e teórica, constituindo uma referência fundamental para o estudo da QVT, do trabalho militar e da gestão organizacional no Sul Global.

BACK FLAP – ENGLISH VERSION

About the Author

Juvenal Laurinda da Silva Chadreque is a senior officer in the Mozambican Armed Forces, trained in Military Sciences with a specialization in Pilot Aviation, and a postdoctoral researcher in Quality of Work Life (QWL) focused on military contexts and developing countries. His unique career bridges high-level operational and institutional experience, applied research, and international academic collaboration.

A graduate of the Joint Staff Course at the Instituto Superior de Estudos de Defesa "Tenente General Armando Emílio Guebuza," he collaborates with leading research centers such as the **University of Bordeaux (France)** and the **Brazilian Centre for Social Science Studies (CBEXS)**. His research provides a critical and humanizedperspective on military organizations, exploring hierarchical challenges and opportunities for institutional well-being.

This book is the product of years of empirical and theoretical research and is a key reference for the study of QWL, military labor, and organizational management in the Global South.

AGRADECIMENTOS/ACKNOWLEDGEMENTS

A realização desta obra só foi possível graças ao contributo de várias instituições, colegas e interlocutores que, directa ou indirectamente, colaboraram neste percurso académico.

Agradeço, em primeiro lugar, à Université de Bordeaux (França), pela acolhida institucional no âmbito do meu projecto de pós-doutoramento e pelo ambiente intelectual fértil que me permitiu aprofundar as reflexões aqui apresentadas. Igualmente, expresso a minha gratidão ao Centro de Estudos em Ciências Sociais Aplicadas (CBEXS, Brasil), pela interlocução contínua e pelo estímulo à produção de conhecimento interdisciplinar e internacional.

O meu reconhecimento estende-se também ao Instituto Superior de Estudos de Defesa "Tenente-General Armando Emílio Guebuza" (ISEDEF), que possibilitou o trabalho de campo e acolheu com generosidade esta investigação. A todos os oficiais, sargentos e militares que aceitaram partilhar as suas experiências e opiniões, deixo o meu profundo respeito e agradecimento, sem a sua voz, este livro não teria alma.

Agradeço ainda aos colegas e mentores que, com suas leituras críticas e sugestões, contribuíram para o amadurecimento dos argumentos aqui expostos. Por fim, à minha família e aos amigos próximos, pela paciência e apoio silencioso que tornaram possível este processo longo e exigente.

Por fim, presto uma homenagem sentida ao meu pai, Chadreque Chissemo Chunguane, cuja vida e exemplo moldaram profundamente o meu carácter e percurso. Foi ele quem lançou os alicerces da minha formação, não apenas académica, mas sobretudo humana. A sua dedicação, generosidade e firmeza silenciosa continuam a inspirar-me todos os dias. Esta obra é, em grande parte, fruto do legado que deixou em mim – e, por isso, também lhe pertence. Que estas páginas honrem a sua memória com a mesma dignidade com que ele viveu.

BIOGRAFIA DO AUTOR/BIOGRAPHY OF THE AUTHOR

Juvenal Laurinda da Silva Chadreque é oficial superior das Forças Armadas de Defesa de Moçambique, doutor em Gestão de Empresas e Especialista em Ciências Militares. Actualmente realiza um pós-doutoramento em Qualidade de Vida no Trabalho (QVT), com foco nos países em desenvolvimento e nas instituições militares, em colaboração com a Université de Bordeaux (França) e o CBEXS – Centro Brasileiro de Estudos em Ciências Sociais Aplicadas.

Ao longo da sua trajectória, tem conjugado a experiência prática no sector da Defesa com a investigação académica em áreas como gestão de recursos humanos, sociologia das organizações, administração pública e planeamento estratégico. A sua produção científica centra-se na análise crítica das condições de trabalho em contextos hierarquizados, com ênfase na promoção do bem-estar, reconhecimento e dignidade profissional dos militares.

É autor de diversos artigos publicados em revistas científicas internacionais e colaborador activo de projectos de investigação interinstitucionais. Em 2024, concluiu o Curso de Estado-Maior Conjunto no Instituto Superior de Estudos de Defesa "Tenente-General Armando Emílio Guebuza", onde também actua como investigador.

PREFÁCIO

A elaboração deste livro representa não apenas o culminar de uma trajectória de investigação, mas também o reflexo de uma colaboração académica frutífera entre instituições comprometidas com a produção de conhecimento situado, crítico e com impacto social concreto.

Este trabalho desenvolveu-se no âmbito das actividades de investigação pós-doutoral em Qualidade de Vida no Trabalho, com particular atenção aos contextos organizacionais de países em desenvolvimento e ao sector militar. A abordagem aqui adoptada resulta de múltiplas trocas e orientações académicas, com destaque para o apoio da Université de Bordeaux, em França, cuja colaboração científica tem sido essencial para o amadurecimento das reflexões aqui apresentadas.

A Universidade de Bordeaux, através do seu corpo docente e redes de pesquisa em ciências sociais aplicadas, permitiu o diálogo entre perspectivas africanas e europeias sobre a gestão de pessoas, a saúde ocupacional e os desafios institucionais enfrentados pelas administrações públicas e forças armadas. Essa interlocução internacional proporcionou não apenas o enriquecimento teórico, mas também a ampliação do olhar crítico sobre realidades muitas vezes negligenciadas no debate global sobre trabalho digno.

O livro que ora se apresenta é, portanto, o resultado de um percurso colectivo, ancorado na escuta, no rigor metodológico e no compromisso com a transformação social. Destina-se a investigadores, gestores públicos, decisores políticos e todos aqueles que reconhecem na dignidade do trabalho uma condição indispensável para a paz, a segurança e o desenvolvimento humano sustentável.

A todos os que contribuíram com ideias, tempo e encorajamento em Moçambique, França e noutros espaços de investigação, o meu mais profundo agradecimento.

INTRODUÇÃO

A Qualidade de Vida no Trabalho (QVT) tem vindo a consolidar-se como uma dimensão essencial da gestão contemporânea de pessoas, em especial nas organizações que operam em contextos de elevada exigência psicossocial, como o sector militar. No entanto, a implementação efectiva de políticas e práticas de QVT enfrenta barreiras consideráveis nos países em desenvolvimento, onde escassez de recursos, fragilidade institucional e heranças organizacionais autoritárias ainda moldam o quotidiano laboral.

Neste quadro, torna-se premente analisar a QVT a partir de uma abordagem crítica e situada, que não se limite à importação de modelos normativos oriundos do Norte Global, mas que valorize as especificidades culturais, históricas e institucionais dos contextos africanos.

Esta obra surge como resposta à lacuna teórica e empírica que persiste em grande parte do debate sobre QVT: a ausência de abordagens situadas que considerem os contextos africanos e, mais especificamente, as organizações militares enquanto espaços laborais complexos, marcados por rigidez hierárquica e por desafios operacionais extremos. Os estudos aqui reunidos foram desenvolvidos com base na realidade moçambicana, mas dialogam com uma agenda mais ampla de descolonização epistemológica e valorização de experiências do Sul Global.

O presente livro articula três investigações complementares. A primeira oferece um enquadramento teórico e crítico sobre a QVT em países em desenvolvimento, explorando modelos, limites e possibilidades da sua aplicação em contextos de escassez. A segunda foca-se nas Forças Armadas de Defesa de Moçambique (FADM), discutindo os desafios institucionais à humanização do trabalho num ambiente organizacional marcado por cultura autoritária, silêncio hierárquico e ausência de mecanismos de apoio psicossocial. A terceira, por sua vez, apresenta um estudo de caso empírico realizado no Instituto Superior de Estudos de Defesa "Tenente-General Armando Emílio Guebuza" (ISEDEF), permitindo observar na prática como a QVT se manifesta ou é limitada nas instituições militares moçambicanas.

A abordagem metodológica é plural, integrando análise documental, entrevistas semiestruturadas e inquéritos aplicados a profissionais da defesa. Esta diversidade de métodos permite cruzar discursos normativos com experiências vividas, fornecendo um diagnóstico rigoroso e, simultaneamente, humanizado.

Ao longo dos capítulos, o leitor é convidado a reflectir sobre como se podem conciliar os imperativos de disciplina e eficácia operacional com a escuta activa, a saúde ocupacional e o reconhecimento simbólico dos profissionais militares. O livro defende que a humanização do trabalho nas forças armadas não é uma ameaça à autoridade, mas uma estratégia de valorização institucional e sustentabilidade organizacional.

Importa sublinhar que esta obra parte de uma questão central: é possível compatibilizar estruturas hierárquicas rígidas com práticas de valorização simbólica e bem-estar laboral? Esta interrogação guia a análise crítica desenvolvida ao longo do livro.

Pretende-se, assim, contribuir para o avanço do debate académico sobre QVT em ambientes de baixa previsibilidade, e oferecer recomendações práticas a decisores públicos, gestores e académicos interessados em transformar realidades laborais em espaços tradicionalmente excluídos das agendas de bem-estar.

NOTA METODOLÓGICA

Este livro resulta de um projecto de investigação desenvolvido entre 2023 e 2025, no âmbito de um pós-doutoramento dedicado ao estudo da Qualidade de Vida no Trabalho em contextos militares africanos, com ênfase no caso moçambicano. O trabalho teve o apoio académico da Universidade de Bordeaux (França) e foi construído em diálogo com centros de investigação e instituições de ensino superior do Brasil e de Moçambique.

Objectivo da investigação

O objectivo central foi compreender os desafios institucionais e culturais que dificultam a implementação de políticas de QVT em forças armadas de países em desenvolvimento, particularmente nas FADM, propondo a partir dessa realidade um modelo conceptual e estratégico de intervenção.

A pesquisa procurou, também, identificar formas locais de resistência simbólica, reconhecimento tácito e cuidado informal, revelando a tensão entre os dispositivos formais e os gestos quotidianos que estruturam a experiência laboral militar.

Percurso metodológico

A investigação baseou-se numa abordagem qualitativa, de natureza sociológica e institucional, utilizando os seguintes métodos:

- Entrevistas semiestruturadas com 15 efectivos do Instituto Superior de Estudos de Defesa "Tenente General Armando Emílio Guebuza", incluindo oficiais superiores, técnicos administrativos e instrutores;
- Observação directa do ambiente de trabalho, rotinas institucionais e interacções informais;
- Leitura crítica de documentos institucionais (regulamentos internos, planos de formação, relatórios de actividades);
- Análise interpretativa dos dados, orientada por categorias como reconhecimento, autoridade, sofrimento institucional e valorização simbólica.

A triangulação metodológica permitiu confrontar discursos normativos com práticas efectivas, articulando vivências, estruturas e imaginários institucionais.

Ética e consentimento

A investigação respeitou os princípios fundamentais da ética científica e institucional:

- Todos os participantes foram informados dos objectivos do estudo e deram consentimento livre e informado;
- Foi garantido anonimato nas transcrições e nas citações incluídas neste livro;
- A realização do trabalho de campo foi previamente autorizada pelas chefias competentes, respeitando os protocolos institucionais das FADM.

Limites e enquadramento

Sendo um estudo de natureza qualitativa, os resultados aqui apresentados não têm pretensão de representatividade estatística. No entanto, a convergência entre os testemunhos, a coerência das observações e a articulação com a literatura internacional permitem fundamentar hipóteses interpretativas consistentes e propor estratégias aplicáveis a contextos similares.

Reconhece-se, contudo, que os dados reflectem um recorte institucional específico (ISEDEF), não sendo extrapoláveis automaticamente para todas as unidades das FADM. Essa limitação é, ao mesmo tempo, um convite a novas investigações.

Posicionamento do autor

Este trabalho foi realizado por um autor com vivência directa no campo militar e formação académica avançada em ciências militares e sociais. Esta condição permitiu acesso privilegiado ao campo institucional, mas também exigiu reflexividade crítica permanente, para evitar sobre-identificações e assegurar o rigor científico da análise.

A postura metodológica foi guiada pela escuta ética, pelo compromisso com a dignidade profissional dos efectivos e por uma visão estratégica de mudança institucional sustentada.

O presente livro, portanto, não fala sobre os militares, mas com os militares, escutando, interpretando e propondo, a partir da experiência vivida.

25

CAPÍTULO 1

Fundamentos e Desafios da Qualidade de Vida no Trabalho em Países em Desenvolvimento

Foundations and Challenges of Quality of Work Life in Developing Countries

1.1. Introdução

A Qualidade de Vida no Trabalho (QVT) tem ganho relevância crescente nas últimas décadas, especialmente à medida que as sociedades se confrontam com novas formas de organização laboral, profundas transformações tecnológicas e crises de ordem económica, sanitária e ambiental. Ao contrário de concepções que reduziriam a QVT ao bem-estar físico ou à satisfação com o salário, o conceito abarca hoje uma ampla rede de dimensões que dizem respeito ao ser humano no seu todo: corpo, mente, emoções, relações, reconhecimento e sentido existencial.

Falar de QVT é, portanto, falar de dignidade. Trata-se de uma noção que transcende a técnica da gestão de recursos humanos, pois remete para valores éticos, sociais e políticos. Quando uma instituição valoriza a QVT, ela não está apenas a gerir melhor as suas equipas, está a afirmar um modelo de convivência no qual o trabalhador é reconhecido como sujeito e não apenas como executor de tarefas.

Nos países em desenvolvimento, como Moçambique e muitos outros do continente africano, a implementação de políticas de QVT enfrenta obstáculos significativos. A escassez de recursos financeiros, a fragilidade institucional, a sobrecarga funcional e as marcas do passado colonial impõem limites reais às políticas de bem-estar organizacional.

Neste capítulo, propomo-nos compreender os fundamentos históricos e teóricos da QVT, traçando pontes com as realidades vividas nos países africanos. O objectivo é duplo: por um lado, dar ao leitor as ferramentas conceptuais necessárias para entender o tema; por outro, mostrar como os modelos convencionais precisam de ser adaptados, repensados e, por vezes, reinventados para fazer sentido nos nossos contextos.

1.2. Evolução Histórica e Fundamentos Teóricos da QVT

Historicamente, o trabalho sempre foi uma actividade ambígua: simultaneamente condição de sobrevivência e fonte de sofrimento. Na Antiguidade, o trabalho manual era relegado aos escravos; na Idade Média, associado ao castigo divino; só com a Revolução Industrial o trabalho se transforma em eixo central da identidade social, embora às custas de muita exploração.

É apenas no século XX, com o avanço das teorias das organizações, que emerge a preocupação com as condições de trabalho enquanto factor estratégico. A Teoria das Relações Humanas (década de 1930), com destaque para os estudos de Elton Mayo, inaugura a ideia de que os trabalhadores não são máquinas, mas seres sensíveis, com emoções e necessidades relacionais.

Posteriormente, autores como Abraham Maslow (com a sua hierarquia das necessidades) e Frederick Herzberg (com a teoria dos factores de motivação e higiene) reforçaram a compreensão de que o bem-estar no trabalho influencia directamente a motivação, a produtividade e o compromisso com a organização.

O conceito de QVT ganha maturidade com as propostas de Richard Walton (1973), que sugere oito dimensões integradoras: compensação justa, condições de trabalho seguras e saudáveis, oportunidade de uso e desenvolvimento de capacidades, oportunidade de crescimento, integração social, constitucionalismo organizacional, equilíbrio entre vida pessoal e profissional e relevância social da tarefa.

Contudo, Walton escrevia a partir de uma realidade norte-americana, fortemente estruturada e institucionalizada. O problema que se coloca é: como aplicar estas ideias em países onde o salário mínimo não cobre as necessidades básicas, onde não há políticas de formação contínua e onde o trabalho informal é dominante?

É a partir desta tensão que nasce a necessidade de desenvolver modelos alternativos, mais sensíveis ao contexto africano e aos países em desenvolvimento de modo geral.

1.3. Especificidades da Gestão de Pessoas nos Países em Desenvolvimento

A gestão de pessoas no Sul Global enfrenta não apenas desafios técnicos, mas também históricos, simbólicos e estruturais. Em muitos países africanos, as administrações públicas foram organizadas com base em modelos coloniais de comando e controlo, centrados na disciplina, na obediência e na verticalização das decisões, com escassa valorização do trabalhador enquanto sujeito.

Mesmo após as independências, essas estruturas burocráticas reproduziram-se, frequentemente por ausência de alternativas, por falta de quadros qualificados ou por pressão externa de modelos administrativos importados.

Em Moçambique, por exemplo, muitos serviços públicos ainda operam com base em organogramas herdados do período socialista, caracterizados por centralização decisória, rigidez funcional e escassa autonomia nas bases.

Segundo Alain Supiot (2007), as estruturas institucionais herdadas do colonialismo ou do modelo tecnocrático do pós-guerra tendem a ignorar a centralidade do ser humano no trabalho, reduzindo o sujeito a um "recurso" a ser administrado e não a uma pessoa a ser reconhecida. Essa lógica é agravada por processos de ajustamento estrutural que impuseram racionalizações drásticas nas administrações públicas africanas, muitas vezes sem considerar as condições sociais locais.

A instabilidade económica, marcada por inflação, endividamento público e dependência de financiamento externo, condiciona fortemente a capacidade estatal de investir em recursos humanos. Faltam profissionais qualificados, os salários são baixos, e há uma sobrecarga generalizada de tarefas.

Em países como Angola, é comum que oficiais das forças armadas acumulem funções administrativas, logísticas e operacionais, sem mecanismos adequados de compensação ou reconhecimento. No Senegal, reformas recentes tentaram integrar princípios de QVT na função pública, mas ainda enfrentam resistência institucional. Em Cabo Verde, por sua vez, experiências locais mostram que a escuta activa e o reconhecimento simbólico contribuem para a motivação, mesmo em contextos de escassez material.

Nestes contextos, os gestores enfrentam o desafio de manter a eficácia organizacional num ambiente marcado pela precariedade. Muitos improvisam. Outros recorrem ao autoritarismo como estratégia defensiva. Poucos têm condições reais de implementar políticas estruturadas de valorização simbólica, escuta activa ou apoio psicossocial.

É precisamente nesse campo de tensões que emergem práticas informais e dispositivos tácitos de resistência e cuidado, como redes de solidariedade entre colegas, arranjos funcionais improvisados e formas simbólicas de reconhecimento que escapam ao controlo institucional. Estes elementos, embora invisíveis nas normas, revelam uma criatividade resiliente que deve ser valorizada na análise da QVT.

1.4. Dimensões Críticas da QVT em Contextos de Escassez

A realidade dos países em desenvolvimento exige a adaptação das métricas de QVT a indicadores mais contextuais e realistas. Entre as dimensões críticas a considerar, destacam-se:

- Segurança laboral e física: muitas vezes negligenciada em contextos de informalidade.
- Reconhecimento simbólico: substituto relevante da compensação financeira em ambientes de baixos salários.
- Equidade de género e inclusão social: fundamentais para combater assimetrias históricas.
- Saúde mental e apoio psicossocial: ainda invisibilizados, mas urgentes.
- Participação real nas decisões: chave para promover o sentimento de pertença e cidadania laboral.

1.5. Proposta de Modelo Avaliativo Adaptado

O conceito de Qualidade de Vida no Trabalho foi, historicamente, construído com base em realidades organizacionais dos países industrializados do Norte Global. Modelos como o de Walton (1973) foram formulados em contextos onde existia estabilidade económica, presença consolidada do Estado social e relações laborais institucionalizadas. Nestes cenários, é legítimo falar em "compensação justa", "equilíbrio entre vida pessoal e profissional" ou "oportunidades de desenvolvimento pessoal", como dimensões mensuráveis e exigíveis.

No entanto, nos países em desenvolvimento onde o trabalho informal é muitas vezes a norma, os salários são insuficientes para suprir necessidades básicas, e as instituições enfrentam limitações operacionais profundas, tais indicadores mostram-se não apenas desajustados, mas, por vezes, inoperantes.

Importar estes modelos sem qualquer crítica pode produzir um duplo efeito perverso: por um lado, alimenta-se a ilusão de que se está a aplicar "boas práticas" internacionais;

por outro, ignora-se a realidade concreta dos trabalhadores, cujas prioridades muitas vezes se situam num patamar mais básico: ter salário pago em dia, sentir-se em segurança, ou ser tratado com respeito.

Por esta razão, propõe-se aqui um modelo avaliativo adaptado às realidades dos países africanos de baixa e média renda, com base nos seguintes princípios orientadores:

1. **Pragmatismo institucional:** trabalhar com o que é possível e viável, sem abandonar os ideais de dignidade e reconhecimento.
2. **Contextualização cultural e histórica:** reconhecer que as instituições trazem consigo heranças organizacionais e culturais que moldam o modo como o trabalho é vivido e interpretado.
3. **Valorização simbólica:** compreender que o reconhecimento não se resume a salários, ele passa também por gestos, rituais, palavras e símbolos.
4. **Atenção às micropráticas:** identificar e incentivar pequenas iniciativas de cuidado, apoio mútuo e criatividade colectiva, mesmo que não estejam formalizadas em políticas institucionais.

Com base nestes princípios, apresenta-se um modelo de QVT com seis eixos adaptativos:

1. Estabilidade e remuneração mínima

Mais do que "compensação justa" (termo difícil de aplicar em economias fragilizadas), propõe-se garantir um mínimo de previsibilidade na vida laboral: salários pagos em dia, contratos claros e ausência de arbitrariedades na lotação ou na demissão.

A previsibilidade, num contexto de escassez, é ela própria um factor de saúde mental.

2. Condições materiais dignas

Não se trata de exigir infra-estruturas de alto padrão, mas de assegurar condições mínimas de dignidade: sanitários limpos, mobiliário adequado, iluminação suficiente, acesso à água potável.

Ambientes degradados não apenas prejudicam a produtividade, transmitem, simbolicamente, que os trabalhadores não são valorizados.

3. Formação básica contínua

Mesmo em contextos de baixo orçamento, é possível promover momentos de formação, actualização ou troca de saberes.

A aprendizagem colectiva fortalece a autoestima, melhora a eficiência e permite que os trabalhadores se sintam parte activa da missão institucional.

4. Comunicação institucional eficaz

Um dos grandes desafios das instituições africanas é a ausência de canais claros de comunicação interna. Um modelo de QVT adequado deve prever momentos regulares de escuta, partilha e informação, como reuniões abertas, murais institucionais, ou pequenas sondagens internas.

A comunicação, quando horizontalizada, aproxima chefias e subordinados, reduz boatos e cria sentido de pertença.

5. Iniciativas de bem-estar acessíveis

Mesmo sem estruturas hospitalares, é possível promover bem-estar: pausas activas, campanhas de saúde, actividades culturais ou recreativas simples.

A saúde, neste modelo, é vista de forma ampliada, inclui o corpo, mas também as emoções e os vínculos sociais.

6. Cultura de reconhecimento simbólico

Em contextos onde faltam recompensas materiais, o reconhecimento simbólico torna-se ainda mais vital. Pequenos gestos como destacar um bom desempenho numa reunião, celebrar aniversários ou entregar um certificado, têm grande impacto na motivação.

O trabalhador precisa sentir que o seu esforço é visto, lembrado e valorizado, mesmo que não seja imediatamente recompensado em termos monetários.

Este modelo não é uma receita fechada. Trata-se de um ponto de partida para pensar a QVT a partir da realidade, sem ceder ao cinismo ("nada pode ser feito") nem à ingenuidade ("basta copiar modelos externos"). O equilíbrio entre exigência e viabilidade é o que permitirá construir instituições mais humanas, mesmo em cenários adversos.

1.6. Considerações Finais

A Qualidade de Vida no Trabalho, nos países em desenvolvimento, é um campo de disputa entre o ideal e o possível. Não basta importar manuais, adoptar jargões ou seguir indicadores de organismos internacionais. É preciso ousar pensar a partir de dentro.

Este capítulo procurou mostrar que a QVT não é um luxo, mas uma necessidade estratégica para organizações que queiram ser sustentáveis, eficazes e humanas. Nos contextos africanos, ela pode e deve ser construída com criatividade, escuta e compromisso institucional.

Trabalhar com dignidade não é uma aspiração abstracta, é um direito. E garantir esse direito é também fortalecer a missão pública, a autoridade moral das instituições e a confiança da sociedade no Estado. No próximo capítulo, aprofundaremos esta reflexão à luz do caso específico das organizações militares, onde a tensão entre hierarquia e humanização se manifesta com particular intensidade.

CAPÍTULO 2

Entre a hierarquia e a humanização: desafios institucionais da QVT nas organizações militares

Between Hierarchy and Humanization: Institutional Challenges of QWL in Military Organizations

2.1. Introdução

As organizações militares destacam-se, no conjunto das instituições do Estado, por possuírem uma estrutura interna profundamente marcada pela hierarquia, disciplina rígida, centralização das decisões e um ethos fundado em valores como a obediência, o sacrifício e a lealdade institucional. Essas características são consideradas essenciais à eficácia operativa e ao cumprimento da missão principal das Forças Armadas: garantir a defesa da soberania nacional e a segurança do território.

Contudo, à medida que o debate internacional sobre Qualidade de Vida no Trabalho (QVT) se expande para sectores públicos e áreas tradicionalmente fechadas à humanização organizacional, torna-se incontornável questionar como e se é possível implementar políticas de QVT em estruturas tão normativamente rígidas como as forças armadas.

Esta tensão entre disciplina e bem-estar, entre comando e escuta, entre estrutura e sujeito, é o ponto central deste capítulo. Ao abordar os desafios institucionais da QVT nas organizações militares africanas, em particular nas Forças Armadas de Defesa de Moçambique (FADM), propõe-se uma análise crítica e situada daquilo que constitui uma das grandes ambivalências do nosso tempo: como humanizar sem fragilizar? Como cuidar sem comprometer a autoridade?

Mais do que propor respostas simplistas, este capítulo parte de uma abordagem sociológica e institucional, articulando teoria e prática. O objectivo é lançar luz sobre os mecanismos simbólicos, organizacionais e históricos que dificultam a implementação da QVT no sector militar, sem com isso cair numa crítica descontextualizada.

Com base em fontes empíricas recolhidas entre 2023 e 2024, nomeadamente entrevistas e observações no Instituto Superior de Estudos de Defesa "Tenente General Armando Emílio Guebuza" (ISEDEF), e com recurso a análises comparativas com outros países africanos como Angola, África do Sul e Cabo Verde, este capítulo procura compreender em profundidade as seguintes questões:

- Quais os principais obstáculos institucionais à promoção do bem-estar nas Forças Armadas?
- Como se articulam as dimensões da autoridade, do reconhecimento e do sofrimento nas organizações militares?
- Existem espaços possíveis de humanização dentro de estruturas fortemente hierarquizadas?

Ao mesmo tempo, este capítulo insere-se num debate mais amplo: o do papel das instituições públicas africanas no século XXI. Se as Forças Armadas são espelho da sociedade, então a forma como elas tratam os seus efectivos diz muito sobre os valores que orientam o Estado. Investir na QVT no sector militar é, neste sentido, mais do que uma política organizacional, é um gesto político e civilizacional.

O que se propõe, portanto, é uma leitura simultaneamente crítica e comprometida: crítica com as heranças autoritárias que ainda moldam o quotidiano castrense; comprometida com a transformação das instituições militares em espaços de dignidade, reconhecimento e desenvolvimento humano.

2.2. A organização militar como instituição e como burocracia

A instituição militar, tal como a conhecemos hoje, é o resultado de um longo processo de construção histórica que consolidou uma forma de organização centrada na racionalidade, na hierarquia e no controlo da autoridade. Entre os teóricos clássicos, Max Weber foi quem melhor descreveu esse modelo ao apresentar a burocracia como a forma organizacional mais eficiente para gerir grandes estruturas sociais e garantir a previsibilidade nas acções colectivas.

Na tipologia weberiana, a autoridade militar enquadra-se no tipo racional-legal: isto é, uma autoridade legitimada por normas codificadas, por uma hierarquia formal e por uma cadeia de comando clara e impessoal. Cada militar tem um lugar definido dentro da estrutura; cada função tem atribuições fixas; e a progressão na carreira obedece, em princípio, a critérios formais e universais.

Este modelo tem a vantagem de assegurar a ordem, a disciplina e a eficácia operativa, características essenciais numa instituição cuja missão envolve, por vezes, a gestão da violência em nome do Estado. Contudo, a mesma lógica que assegura a ordem pode transformar-se em obstáculo quando se trata de promover o bem-estar dos efectivos, a escuta das suas necessidades ou o reconhecimento das suas vulnerabilidades.

É nesse ponto que as contribuições de Michel Crozier, sociólogo francês, se tornam particularmente úteis. Para Crozier, a burocracia não é apenas um conjunto de regras, ela é também um sistema de poder, de bloqueios e de rigidez. A sua famosa expressão "círculo vicioso burocrático" descreve como, nas organizações hierárquicas, os indivíduos tendem a evitar a iniciativa, a responsabilização ou a inovação, refugiando-se na norma como mecanismo de defesa.

Nas forças armadas africanas, este padrão é facilmente observável. O medo de errar, de desafiar o protocolo ou de manifestar sentimentos pode gerar comportamentos conformistas, distanciamento emocional e bloqueios na comunicação institucional. Os comandantes receiam perder autoridade se se mostram demasiado humanos; os subordinados temem represálias se expõem fragilidades.

No caso das Forças Armadas de Defesa de Moçambique (FADM), a estrutura burocrática segue um modelo centralizado, herdado em parte da tradição militar soviética, e ainda hoje mantém traços de verticalidade extrema. O mesmo se observa nas Forças Armadas Angolanas (FAA), onde os processos decisórios são altamente concentrados no topo da hierarquia e onde há pouca margem para mecanismos de gestão participativa.

Esta configuração gera consequências concretas para a Qualidade de Vida no Trabalho. A ausência de canais de escuta, a rigidez nos critérios de avaliação e a separação simbólica entre chefias e subordinados reduzem as possibilidades de acolhimento do sofrimento, de reconhecimento simbólico e de resolução empática de conflitos laborais.

Além disso, a impessoalidade exigida pela estrutura burocrática pode inibir a criação de vínculos horizontais entre colegas ou entre superiores e subordinados. O ethos da imparcialidade, essencial ao cumprimento da missão militar, tende a ser interpretado ou mal interpretado como proibição de afectos, distanciamento emocional ou negação das necessidades subjectivas do trabalhador militar.

Paradoxalmente, esta rigidez pode comprometer a eficácia organizacional que ela mesma procura garantir. Estudos sobre organizações militares mostram que o excesso de controlo, aliado à ausência de espaços de expressão, pode gerar desmotivação, apatia institucional, climas de silêncio e até comportamentos de sabotagem passiva como absentismo, retraimento ou perda de sentido no trabalho.

É por isso que uma leitura institucional crítica da burocracia militar não deve ser confundida com desvalorização da disciplina. A questão que se coloca não é "abolir a hierarquia", mas compreender quais os limites da hierarquia enquanto estrutura relacional e como ela pode ser adaptada para acolher formas de reconhecimento, escuta e cuidado.

Neste sentido, falar de QVT nas instituições militares exige que repensemos os próprios fundamentos da autoridade. A autoridade não precisa ser autoritária. Pode ser exercida com firmeza, sim, mas também com sensibilidade. Pode ser respeitada, sem ser temida. E pode ser estratégica, sem ser opressora.

2.3. A cultura organizacional militar e os seus paradoxos

A cultura organizacional é um dos elementos mais profundos e muitas vezes invisíveis que estruturam o funcionamento das instituições. No caso das organizações militares, esta cultura é especialmente densa e enraizada. Forjada historicamente no contexto de guerras, ameaças externas e defesa da soberania nacional, a cultura militar assenta num conjunto de valores que reforçam a coesão, a obediência, o sacrifício e a abnegação individual em prol do colectivo.

Entre os pilares desta cultura encontram-se o princípio da hierarquia, o culto da disciplina, o respeito pela antiguidade, o silêncio perante o sofrimento, a valorização da força física e a disposição para o risco. Esses valores, embora essenciais à lógica operativa das forças armadas, podem, em certas circunstâncias, entrar em tensão com os princípios da Qualidade de Vida no Trabalho, nomeadamente a escuta activa, o reconhecimento simbólico, o equilíbrio emocional e o direito à fragilidade.

A partir de uma leitura bourdieusiana, pode-se dizer que o campo militar funciona com regras específicas de capital simbólico: aquilo que dá prestígio, reconhecimento e legitimidade dentro da instituição é, muitas vezes, o contrário do que se valoriza em contextos civis. O silêncio é visto como virtude, a emoção como fraqueza, e a obediência como inteligência estratégica. Esse habitus militar, construído social e institucionalmente, molda profundamente as formas de agir, sentir e interpretar o mundo dentro da caserna.

Esse modelo cultural não é homogéneo nem imutável. Varia segundo os países, as gerações e os momentos históricos. Vejamos três exemplos africanos que ilustram como o ethos militar se manifesta e se transforma em contextos distintos:

Moçambique

Nas Forças Armadas de Defesa de Moçambique (FADM), a cultura militar está fortemente marcada pela herança da luta de libertação e pela influência dos modelos militares socialistas. O ideal do combatente revolucionário resistente, disciplinado e colectivista, continua presente no imaginário institucional, mesmo que os desafios actuais sejam de outra natureza.

Em entrevistas realizadas no ISEDEF, identificou-se uma valorização explícita do espírito de missão e da entrega pessoal à causa nacional. Contudo, emergem também sinais de desgaste emocional, frustração com a estagnação profissional e ausência de reconhecimento formal.

A cultura do silêncio continua a imperar: muitos efectivos evitam expressar cansaço, sofrimento ou críticas por receio de represálias ou de desqualificação simbólica. Esta contenção emocional, segundo Dejours, pode transformar-se num factor de sofrimento psíquico estrutural, levando à perda de sentido, à apatia e até ao colapso individual em situações-limite.

Cabo Verde

As Forças Armadas cabo-verdianas oferecem um exemplo interessante de transição cultural. Apesar de manterem os traços clássicos da hierarquia e da disciplina, observam-se nos últimos anos sinais de abertura para novas abordagens de gestão de pessoas.

Estudos recentes apontam para um crescente reconhecimento institucional da importância da saúde mental e do bem-estar dos efectivos. Algumas unidades já promovem sessões de aconselhamento psicológico, formações sobre inteligência emocional e iniciativas de valorização interna. Apesar das limitações de recursos, existe vontade política e institucional de humanizar o ambiente castrense.

Culturalmente, a pequena escala do país e a proximidade entre os efectivos facilita a construção de vínculos mais horizontais. A lógica relacional tende a ser mais flexível, e o sentimento de pertença é alimentado não só pela obediência, mas também pela afectividade. Este é um exemplo de como os factores socioculturais interferem directamente na forma como a cultura militar se estrutura e transforma.

África do Sul

O caso sul-africano é singular pela sua história recente de transição política. Após o apartheid, as Forças Armadas passaram por um processo de reforma profunda, que incluiu a integração de antigos combatentes da luta armada e a reorganização dos princípios normativos da instituição.

Como parte dessa reforma, foi criada uma divisão específica para o bem-estar dos efectivos dentro do Department of Defence. Esta estrutura é responsável por programas de apoio psicológico, prevenção do suicídio, aconselhamento familiar e combate à estigmatização da vulnerabilidade. Apesar dos desafios persistentes, como falta de financiamento e resistência de sectores mais conservadores, a existência desta divisão representa um avanço simbólico relevante.

A diversidade cultural do país obriga a instituição militar a lidar com uma pluralidade de formas de ver o mundo, o que torna a rigidez cultural menos homogénea. Há mais espaço para negociação simbólica, mesmo que isso implique tensões internas entre modelos mais clássicos e visões mais progressistas da profissão militar.

Síntese dos paradoxos culturais

Estes três exemplos mostram que a cultura organizacional militar não é impermeável às mudanças sociais, políticas e institucionais. Contudo, elas revelam também os paradoxos que emergem quando se tenta conjugar autoridade com afecto, disciplina com escuta, e ordem com reconhecimento emocional.

O desafio não é apenas técnico, mas simbólico. Envolve deslocar o eixo da valorização institucional, passando de um modelo centrado exclusivamente no desempenho técnico-operacional para um modelo que reconhece o efectivo como ser humano integral. Este deslocamento é difícil, mas necessário para tornar possível a construção de ambientes de trabalho mais justos, saudáveis e sustentáveis dentro das forças armadas.

2.4. Desafios institucionais específicos para a QVT nas Forças Armadas

A implementação de políticas de Qualidade de Vida no Trabalho (QVT) nas organizações militares enfrenta um conjunto complexo de obstáculos, que vão muito além das limitações orçamentais ou das dificuldades técnicas. Estes desafios são de natureza estrutural, normativa, cultural e simbólica, exigindo uma leitura institucional integrada, que considere a especificidade do campo militar enquanto espaço de poder, sacrifício e representação do Estado.

Neste sentido, agrupamos os desafios em quatro grandes eixos: normativo, organizacional, simbólico e psicossocial. A seguir, desenvolvemos cada um deles com base em dados empíricos, observações de campo e experiências africanas comparadas.

1. Desafios normativos: a ausência de políticas formais e estruturadas

Em muitas forças armadas africanas, incluindo as FADM e as FAA, não existem políticas públicas explícitas e permanentes de QVT. O bem-estar dos militares é frequentemente abordado de forma fragmentada, episódica ou reactiva, por meio de campanhas pontuais ou decisões isoladas, sem que haja um enquadramento institucional sólido.

Isto decorre, em parte, da ausência de legislação ou directivas ministeriais que integrem a QVT como componente da estratégia nacional de defesa. Enquanto nos sectores civis a discussão sobre bem-estar já conquistou algum espaço, no campo militar ela continua a ser vista como algo "opcional" ou "secundário", muitas vezes interpretado como contrário à disciplina.

Além disso, os regulamentos internos das instituições militares raramente incluem cláusulas sobre apoio psicossocial, equilíbrio vida-trabalho, gestão participativa ou reconhecimento simbólico. O foco normativo continua centrado na prontidão operacional, na obediência e na manutenção da ordem.

Sem instrumentos legais, orçamentais e administrativos que sustentem políticas de QVT, qualquer esforço isolado tende a esbarrar na fragilidade institucional e na descontinuidade. Como resultado, os efectivos não têm garantias de protecção ou de escuta, ficando vulneráveis a arbitrariedades e à naturalização do sofrimento.

2. Desafios organizacionais: sobrecarga, rigidez e ausência de mecanismos de escuta

As estruturas internas das forças armadas são fortemente centralizadas. A lógica vertical de comando não favorece a comunicação bidireccional, nem a participação efectiva dos efectivos nas decisões que afectam o seu quotidiano laboral.

Nas FADM, por exemplo, muitos militares relatam a ausência de espaços institucionais para expor dificuldades, apresentar sugestões ou relatar injustiças. Não existem mecanismos de ouvidoria interna com poder deliberativo nem protocolos eficazes de mediação de conflitos laborais. O resultado é a reprodução de um clima de silêncio organizacional, onde os problemas se acumulam sem tratamento adequado.

Outro problema recorrente é a sobrecarga funcional. Devido à escassez de pessoal qualificado, é comum que efectivos acumulem funções administrativas, operacionais e logísticas, sem contrapartida ou reconhecimento formal.

Em Angola, por exemplo, oficiais subalternos que deviam estar em tarefas de planeamento ou formação acabam por ser responsáveis por logística básica, gestão de frotas, manutenção de instalações e até segurança interna. Este desvio de função gera cansaço, frustração e perda de identidade profissional.

A ausência de avaliação baseada em critérios humanos como empatia, capacidade de liderança ou espírito de equipa, também contribui para o empobrecimento do ambiente institucional. A valorização continua centrada na disciplina formal, na pontualidade e no cumprimento de ordens, em detrimento da qualidade relacional.

3. Desafios simbólicos: entre o prestígio e a invisibilidade

A profissão militar goza, em muitos contextos africanos, de prestígio simbólico associado à defesa da pátria e à história de libertação nacional. No entanto, esse prestígio público nem sempre se traduz em valorização interna.

Os militares sentem-se, muitas vezes, invisíveis dentro da própria instituição. O seu esforço diário não é reconhecido, os feitos operacionais não são celebrados, e os momentos de sacrifício não são transformados em narrativas institucionais. A ausência de cerimónias, rituais de homenagem, distinções simbólicas ou até simples palavras de agradecimento contribui para o sentimento de desvalorização.

Este "défice simbólico" afecta particularmente os quadros intermédios, que estão mais expostos à sobrecarga e menos protegidos pela estrutura de comando. Como não estão nem no topo, nem na base, muitas vezes são esquecidos, mas são eles que sustentam a instituição no quotidiano.

Do ponto de vista da QVT, a valorização simbólica é um pilar fundamental. Trabalhar num ambiente onde o esforço é reconhecido, mesmo que apenas com palavras ou gestos tem efeitos profundos sobre a motivação, a identidade e a coesão institucional.

4. Desafios psicossociais: sofrimento invisível e cultura da contenção

As forças armadas, pela sua natureza, exigem resiliência, controlo emocional e capacidade de actuação em situações de risco. No entanto, o facto de a profissão ser exigente não justifica a negação do sofrimento. Pelo contrário: torna urgente a sua escuta e acolhimento.

Nas entrevistas realizadas no ISEDEF, muitos efectivos revelaram sentir cansaço emocional, sensação de inutilidade, ansiedade crónica e frustração com a estagnação na carreira. No entanto, quase todos afirmaram não se sentir à vontade para falar sobre estes sentimentos com os superiores por medo de serem vistos como fracos ou pouco profissionais.

Este silêncio colectivo é perigoso. Dejours chama-lhe "sofrimento ético": aquele que não pode ser nomeado, nem transformado em acção reparadora. Com o tempo, este sofrimento reprimido transforma-se em apatia, insubordinação passiva ou doença psíquica.

Países como a África do Sul já tentaram abordar esta questão de forma mais estruturada, criando divisões de apoio psicológico nas Forças Armadas. Em Moçambique, algumas tentativas foram feitas com apoio de organizações civis, mas falta uma política nacional de saúde mental militar.

O desafio é criar uma nova cultura institucional onde a vulnerabilidade não seja confundida com fraqueza, e onde pedir ajuda seja interpretado como sinal de responsabilidade e não de inaptidão.

Em síntese, os desafios institucionais da QVT nas Forças Armadas não são apenas técnicos: são profundamente culturais e simbólicos. Superá-los exige uma transformação no modo como o poder, o sofrimento e o reconhecimento são entendidos dentro da instituição militar.

2.5. A perspectiva moçambicana

A realidade das Forças Armadas de Defesa de Moçambique (FADM) oferece um campo fértil para compreender as tensões entre hierarquia e humanização, e para analisar em profundidade os obstáculos à institucionalização da Qualidade de Vida no Trabalho (QVT) no contexto militar africano. Como instituição que carrega o legado da luta armada de libertação e que, ao mesmo tempo, enfrenta os desafios de modernização administrativa, as FADM condensam as ambivalências estruturais que marcam muitos países em desenvolvimento.

A trajectória das FADM está marcada por três momentos-chave: a herança da luta anticolonial (que fundou a identidade simbólica da instituição), o período de guerra civil (que reforçou a cultura da sobrevivência e do silêncio), e a fase actual de profissionalização (que impõe novos desafios de gestão e de legitimação perante a sociedade civil). Estes três momentos coexistem hoje na vida interna da instituição, criando um quadro complexo, por vezes contraditório, de práticas, expectativas e representações.

O caso do ISEDEF: um espelho das tensões institucionais

O Instituto Superior de Estudos de Defesa "Tenente General Armando Emílio Guebuza" (ISEDEF) constitui um microcosmo privilegiado para observar as dinâmicas institucionais das FADM. Como espaço de formação avançada, o ISEDEF concentra oficiais com alta responsabilidade, instrutores experientes, técnicos administrativos e investigadores militares, todos inseridos num ambiente simultaneamente académico e militar.

Os dados recolhidos entre 2023 e 2024, por meio de entrevistas e observação participante, permitem desenhar um retrato denso da experiência laboral neste contexto. O que emerge com força é a coexistência de dois mundos: de um lado, o compromisso com a missão institucional e o orgulho em servir; do outro, a frustração silenciosa com a ausência de reconhecimento, a sobrecarga funcional e a invisibilidade emocional.

As chefias intermédias: entre o comando e o cuidado

Um dos grupos mais sensíveis aos desafios da QVT é o das chefias intermédias —
oficiais que se encontram numa posição delicada entre a exigência de obediência à
cadeia de comando e a responsabilidade quotidiana de gestão de equipas.

Esses profissionais relatam sentir-se "encurralados" entre ordens que vêm de cima,
muitas vezes desarticuladas das condições reais de execução, e queixas que vêm de
baixo, por parte de subordinados que esperam apoio, escuta e justiça. Muitos não
recebem formação em liderança humanizada, nem dispõem de autonomia para tomar
decisões que melhorem o ambiente laboral.

A ausência de um quadro normativo claro sobre QVT faz com que esses líderes
intermédios operem num limbo institucional: sem autoridade suficiente para inovar,
mas responsabilizados pelo funcionamento diário das equipas. Este lugar ambíguo é
uma fonte de desgaste emocional e também de reprodução involuntária da lógica
autoritária.

Narrativas do campo: escuta, invisibilidade e desejo de mudança

Entre os entrevistados, três temas surgiram com frequência:

1. **Desejo de maior diálogo com as chefias**: Muitos efectivos sentem falta de
   momentos de escuta real, onde possam expressar dúvidas, propor ideias ou
   simplesmente partilhar dificuldades.

   *"Trabalhamos muito, mas quase não há espaço para sermos ouvidos. Só se
   fala quando há erro. O reconhecimento é raro."*

2. **Invisibilidade institucional**: O esforço de muitos profissionais, sobretudo em
   funções administrativas e logísticas, é sistematicamente ignorado.

   *"Só vêem o nosso trabalho quando algo falha. Quando tudo corre bem,
   ninguém repara."*

3. **Valorização das relações horizontais**: Apesar da rigidez institucional, há
   práticas de solidariedade entre colegas, que funcionam como mecanismos de
   protecção afectiva e simbólica.

"A única coisa que nos anima às vezes é o apoio dos colegas. Se fosse só pela instituição, já teríamos desistido."

Estas vozes revelam que a ausência de políticas formais de QVT não significa ausência de expectativas. Pelo contrário: os efectivos desejam ser valorizados, reconhecidos e respeitados, mesmo que compreendam os limites operacionais da instituição. O que está em jogo não é a disciplina, mas a dignidade.

Oportunidades e entraves locais à institucionalização da QVT

Apesar dos desafios, há também potencialidades endógenas que podem ser mobilizadas para promover a QVT nas FADM:

- forte sentido de missão e pertença que ainda existe entre os efectivos;
- A existência de redes informais de apoio mútuo;
- A presença de quadros altamente qualificados, com sensibilidade para o tema do bem-estar;
- A possibilidade de parceria com instituições académicas civis, que podem contribuir com metodologias e experiências em gestão de pessoas.

No entanto, estas potencialidades esbarram em entraves persistentes: a rigidez dos regulamentos, a escassez de recursos financeiros, a baixa cultura de avaliação humanizada e a resistência simbólica à mudança. Superar esses obstáculos exige vontade política, coragem institucional e investimento continuado na formação de lideranças mais empáticas e conscientes da dimensão humana do trabalho militar.

A especificidade moçambicana no panorama africano

Em comparação com países como África do Sul ou Cabo Verde, Moçambique ainda se encontra numa fase inicial no que diz respeito à integração da QVT como componente estratégica da gestão militar. Enquanto os sul-africanos criaram divisões dedicadas ao bem-estar e os cabo-verdianos avançam com pequenas práticas de escuta institucional, em Moçambique prevalece o improviso e a ausência de instrumentos formais.

No entanto, há um diferencial importante: o capital simbólico das FADM é elevado. A instituição ainda goza de confiança social e respeito histórico, o que lhe dá margem para liderar mudanças organizacionais que valorizem o ser humano. Essa legitimidade pode e deve ser mobilizada para abrir espaço a um novo paradigma de gestão militar, mais próximo das realidades humanas dos seus efectivos.

2.6. Conclusão

Ao longo deste capítulo, procurámos explorar com profundidade os principais desafios institucionais à QVT nas organizações militares africanas, com foco particular nas FADM. Partindo de uma abordagem sociológica e institucional, articulámos teoria, dados empíricos e comparações regionais para revelar uma ambivalência estrutural: a tensão entre hierarquia e humanização.

Mostrou-se que a organização militar, enquanto forma burocrática de tipo racional-legal (Weber), opera com regras rígidas de comando e autoridade, cujo objectivo é garantir a ordem, a eficiência operativa e a obediência. No entanto, essa mesma estrutura, quando levada ao extremo, tende a inibir a escuta, silenciar o sofrimento e marginalizar a dimensão afectiva e simbólica da vida laboral.

Essa tensão não é um erro de concepção, é uma ambivalência constitutiva. A missão militar exige disciplina, mas também exige humanidade. Exige prontidão, mas também exige saúde emocional. Exige comando, mas também exige reconhecimento. O desafio está em gerir essa ambivalência de forma estratégica, crítica e consciente.

O caso moçambicano mostrou que, apesar da ausência de políticas formais e da persistência de uma cultura organizacional autoritária, existem sinais de mudança possíveis e desejados. As chefias intermédias, os efectivos mais jovens e até alguns comandos superiores reconhecem, de forma implícita ou explícita, que a humanização da instituição não representa uma ameaça à autoridade, antes pelo contrário, pode reforçar a legitimidade institucional.

Uma hierarquia que escuta é mais respeitada do que temida. Uma instituição que reconhece o esforço é mais coesa do que aquela que apenas pune o erro. Uma cultura que valoriza o sujeito humano é mais resiliente, mais forte e mais duradoura do que uma que exige sacrifício em silêncio.

Os dados do ISEDEF e os exemplos de Cabo Verde e África do Sul demonstram que a mudança é possível, mesmo com poucos recursos. O que falta, muitas vezes, é uma política clara, uma estratégia coerente e uma liderança visionária. É neste ponto que a

QVT se apresenta não apenas como uma prática de gestão, mas como um projecto ético e político para a renovação das instituições públicas em África.

Ao encerrar este capítulo, três ideias merecem destaque:

1. A QVT nas forças armadas não é um luxo, mas uma necessidade estratégica

Organizações que cuidam dos seus profissionais funcionam melhor, previnem conflitos, reduzem a rotatividade e fortalecem o seu prestígio institucional.

2. A autoridade militar não precisa ser autoritária

É possível manter a disciplina e a eficácia sem recorrer à repressão simbólica ou à desvalorização do indivíduo.

3. As mudanças começam nas margens

Mesmo sem grandes reformas legislativas, práticas quotidianas de escuta, reconhecimento e cuidado já podem produzir efeitos estruturantes no ambiente de trabalho.

Este capítulo lança, portanto, as bases para a análise empírica que se segue. No Capítulo 3, voltamos ao ISEDEF, desta vez para apresentar os resultados da investigação de campo em detalhe, as vozes, os gestos, os silêncios e as esperanças que compõem o quotidiano dos efectivos militares moçambicanos.

Se a teoria nos ajuda a interpretar o mundo, os dados empíricos ajudam-nos a transformá-lo. E é com esse espírito de escuta e transformação que avançamos para o próximo capítulo.

CAPÍTULO 3

Qualidade de Vida no Trabalho em contexto militar: estudo empírico no Instituto Superior de Estudos de Defesa (ISEDEF)

Quality of Work Life in the Military Context: An Empirical Study at the Higher Institute for Defence Studies (ISEDEF)

3.1. Introdução

A análise da Qualidade de Vida no Trabalho (QVT) nas organizações militares deve apoiar-se não apenas em teorias e modelos normativos, mas sobretudo na escuta atenta das experiências concretas vividas pelos próprios militares. É no terreno, no quotidiano institucional, que se expressam com toda a sua complexidade as percepções, os sentimentos, os silêncios e as resistências que estruturam a relação entre o indivíduo e a organização.

Este capítulo propõe-se apresentar e interpretar os principais resultados de uma investigação de natureza qualitativa realizada no Instituto Superior de Estudos de Defesa "Tenente General Armando Emílio Guebuza" (ISEDEF), uma das mais importantes instituições de formação militar de Moçambique.

Mais do que recolher dados, esta pesquisa teve como objectivo captar o sentido do trabalho para os efectivos: o que significa, hoje, ser militar num espaço simultaneamente pedagógico, administrativo e estratégico? Como é percebida a hierarquia? Onde se localizam os focos de mal-estar e de satisfação? Que formas de resistência ou de cuidado emergem na ausência de políticas formais de QVT?

Este capítulo articula os testemunhos recolhidos em entrevistas semiestruturadas, as observações directas do ambiente institucional e os registos informais de interacção, com o objectivo de compor um retrato humanizado, situado e crítico da experiência laboral no ISEDEF.

Ao fazê-lo, procuramos não apenas identificar fragilidades, mas também valorizar as potências locais, as micropráticas de solidariedade, e os espaços possíveis de transformação. Este estudo insere-se, assim, numa perspectiva de investigação engajada, comprometida com a dignidade do trabalhador militar e com o fortalecimento institucional sustentável.

3.2. Contextualização institucional e perfil dos participantes

O Instituto Superior de Estudos de Defesa "Tenente General Armando Emílio Guebuza" (ISEDEF) é uma instituição estratégica no seio das Forças Armadas de Defesa de Moçambique (FADM). Criado com o objectivo de qualificar e actualizar os quadros militares moçambicanos em matérias de Estado-Maior, planeamento estratégico e segurança nacional, o Instituto desempenha simultaneamente funções pedagógicas, administrativas, investigativas e representativas.

O ISEDEF é, em muitos aspectos, um espaço híbrido. Combina a rigidez do protocolo militar com a flexibilidade exigida pelas rotinas académicas; articula funções operacionais com tarefas burocráticas; acolhe oficiais superiores em formação e efectivos administrativos em serviço permanente. Esta configuração complexa torna-o um laboratório institucional privilegiado para estudar a Qualidade de Vida no Trabalho (QVT) no sector da Defesa.

O papel do ISEDEF na estrutura militar moçambicana

O Instituto ocupa uma posição intermédia entre a alta hierarquia estratégica das FADM e os centros de formação básica de oficiais e sargentos. A sua missão não é apenas transmitir conhecimento técnico-científico, mas também cultivar a disciplina, o espírito crítico e a consciência política e institucional dos seus formandos.

É neste contexto que a QVT ganha centralidade: um ambiente institucional marcado por elevada exigência intelectual, pressão simbólica e sobreposição de papéis pode tornar-se fonte de motivação e excelência ou, ao contrário, gerar desgaste, frustração e desmobilização.

A formação de quadros de alto nível exige condições institucionais favoráveis: reconhecimento, estabilidade emocional, apoio logístico e espaços de escuta. Quando estas dimensões não são garantidas, compromete-se não apenas o bem-estar dos profissionais, mas também a qualidade estratégica da Defesa nacional.

Caracterização dos participantes

Participaram da investigação 15 efectivos do ISEDEF, com funções diversas e posições hierárquicas distintas. O grupo incluiu:

- Oficiais superiores em funções de comando e instrução (ex.: coordenadores de curso, formadores de Estado-Maior);
- Técnicos administrativos (ex.: responsáveis por logística, recursos humanos, apoio académico);
- Instrutores militares e pessoal de apoio pedagógico (ex.: supervisores de ensino, monitores).

A maioria dos participantes possuía mais de 10 anos de experiência nas FADM e ocupava funções que combinavam responsabilidade administrativa e compromisso institucional directo. A escolha do grupo procurou garantir diversidade de género, tempo de serviço, função desempenhada e relação com a cadeia de comando.

A selecção foi feita com base na amostragem intencional por critérios, privilegiando perfis que permitissem aceder a diferentes perspectivas sobre o ambiente institucional. As entrevistas, realizadas entre Outubro de 2023 e Março de 2024, seguiram um guião semiestruturado com foco em:

- Condições materiais e simbólicas de trabalho;
- Relações hierárquicas e horizontais;
- Percepção de reconhecimento, motivação e saúde mental;
- Expectativas em relação à instituição.

Todas as entrevistas foram realizadas mediante autorização institucional, respeitando os princípios éticos da confidencialidade, do consentimento livre e da não identificação directa dos participantes. Os testemunhos foram posteriormente sistematizados e analisados com base na metodologia de análise de conteúdo temática, procurando emergir categorias interpretativas alinhadas com a problemática da QVT.

Delimitação e limites do estudo

Embora não se trate de uma amostra estatisticamente representativa das FADM, os resultados obtidos fornecem indicações qualitativas robustas sobre o funcionamento interno de uma unidade militar de alto nível. Além disso, os discursos e as situações observadas no ISEDEF são coerentes com evidências recolhidas em outras instituições da Defesa moçambicana, reforçando a validade analítica do estudo.

Este capítulo não pretende esgotar a realidade institucional, mas oferecer uma leitura situada, rigorosa e humanizada de um espaço-chave para o futuro das FADM. A escuta das vozes aqui reunidas é, ao mesmo tempo, uma estratégia metodológica e uma afirmação ética: é a partir das experiências vividas que se pode pensar a transformação.

3.3. Percepções sobre condições de trabalho

As percepções sobre as condições de trabalho no ISEDEF revelam um cenário marcado por contrastes. Se por um lado os efectivos valorizam a missão institucional, a estabilidade da carreira militar e o sentido simbólico do trabalho realizado, por outro, emergem com força sentimentos de sobrecarga, invisibilidade e falta de meios para o desempenho pleno das funções.

As condições materiais, as dinâmicas organizacionais e as relações interpessoais são analisadas aqui como elementos centrais da QVT, não apenas no seu sentido funcional, mas sobretudo enquanto expressão de reconhecimento, justiça e pertença institucional.

Infraestrutura e recursos operacionais

De forma quase unânime, os participantes identificaram a precariedade de recursos materiais e tecnológicos como um dos maiores entraves à realização profissional. A falta de equipamento informático adequado, a lentidão dos processos administrativos, a inexistência de meios audiovisuais modernos e a deterioração de algumas infraestruturas foram mencionadas de forma recorrente.

"Temos responsabilidades académicas importantes, mas muitas vezes não há sequer equipamento básico para garantir o funcionamento das aulas." (Oficial Instrutor)

A carência de recursos compromete não só a qualidade do ensino ministrado, mas também o sentimento de eficácia organizacional. Muitos efectivos sentem que trabalham "com o que há", num regime de improviso permanente, o que alimenta a frustração e reforça a ideia de que a instituição não está comprometida com o seu próprio desempenho estratégico.

Carga de trabalho e sobreposição de funções

Outro tema recorrente é a sobrecarga funcional. Devido à escassez de pessoal técnico e à indefinição clara de atribuições, muitos efectivos acumulam tarefas administrativas, académicas, logísticas e operacionais.

"Sou instrutor, mas também sou responsável pela gestão de material, pela planificação do curso e até por resolver questões logísticas." (Instrutor militar)

Esta sobreposição gera desgaste físico e mental, alimenta sentimentos de injustiça e dificulta a organização pessoal. A ausência de mecanismos de compensação ou de reconhecimento por esse esforço extra torna o problema ainda mais sensível, especialmente entre os efectivos de carreira mais longa.

Clareza de funções e critérios de avaliação

Foi também referida a falta de clareza quanto às funções e aos critérios de avaliação. Muitos profissionais não sabem ao certo quais são os parâmetros utilizados para avaliar o seu desempenho, nem têm acesso transparente aos processos de progressão ou distinção.

Este "défice de informação organizacional" cria insegurança, favorece rumores e contribui para um clima de desconfiança institucional. Em alguns casos, os participantes indicaram que promoções e prémios são percebidos como resultado de proximidade hierárquica, e não de mérito reconhecido.

Relações interpessoais: entre solidariedade e distância hierárquica

No plano das relações interpessoais, o cenário apresenta uma ambivalência marcante. As relações entre colegas, especialmente entre profissionais de funções similares, foram descritas como respeitosas, cooperativas e, por vezes, solidárias.

"Somos uma equipa pequena e ajudamo-nos como podemos. Há espírito de entreajuda." (Técnico administrativo)

Já as relações com as chefias revelaram uma percepção menos positiva. Apesar do respeito institucional, muitos entrevistados apontaram uma distância relacional, a ausência de escuta e uma postura de comando pouco dialogante.

"As chefias muitas vezes não nos conhecem bem. Passam ordens, mas raramente perguntam como estamos ou como anda o trabalho." (Oficial subalterno)

Esta distância simbólica e emocional contribui para um sentimento de frieza institucional, onde o trabalhador é visto apenas como executor, e não como sujeito com necessidades, ideias e trajectórias pessoais.

Reconhecimento simbólico e visibilidade institucional

Um dos aspectos mais sensíveis detectados nas entrevistas foi a percepção de invisibilidade institucional. Muitos efectivos afirmaram que o seu esforço diário não é reconhecido nem formalmente, nem simbolicamente.

"Trabalhamos, damos o nosso melhor, mas ninguém reconhece. Só se repara quando algo corre mal." (Responsável logístico)

O reconhecimento simbólico como elogios públicos, menções em eventos oficiais, entrega de certificados ou simples palavras de apreço, é praticamente inexistente. Esta ausência tem efeitos negativos profundos na motivação, no sentimento de pertença e na relação afectiva com a instituição.

Síntese interpretativa

As percepções sobre as condições de trabalho no ISEDEF apontam para um padrão comum em muitas organizações públicas africanas: compromisso individual elevado, mas escasso apoio institucional; sentido de missão, mas falta de condições; espírito de equipa, mas ausência de liderança humanizada.

O desafio, portanto, não reside apenas em aumentar os recursos, o que seria desejável, mas sobretudo em reorganizar simbolicamente a cultura institucional: escutar mais, reconhecer melhor, distribuir com justiça e comunicar com clareza.

3.4. Saúde mental, motivação e bem-estar

A Qualidade de Vida no Trabalho (QVT) não pode ser compreendida apenas em termos de condições materiais ou eficiência funcional. Um dos seus pilares centrais é a saúde mental dos trabalhadores, entendida não apenas como ausência de doença, mas como a presença de equilíbrio emocional, reconhecimento simbólico, espaço de expressão e sentido existencial no exercício das funções.

No caso das organizações militares, essa dimensão é frequentemente invisibilizada, seja por razões culturais, seja por constrangimentos institucionais. A tradição de força, resiliência e contenção emocional, típica da cultura castrense, dificulta a manifestação legítima do sofrimento, da exaustão ou do desalento.

No ISEDEF, os testemunhos recolhidos revelam a presença significativa de sofrimento silencioso, sentimentos de desmotivação e um mal-estar difuso que, embora raramente verbalizado com frontalidade, manifesta-se em pequenos sinais: cansaço crónico, desinteresse crescente pelas tarefas, baixa adesão a iniciativas institucionais e irritabilidade nas relações interpessoais.

A invisibilidade do sofrimento psíquico

Muitos efectivos afirmam sentir pressão constante para manter a compostura emocional, mesmo em situações de sobrecarga ou desgaste. Falar abertamente sobre ansiedade, tristeza, frustração ou angústia é ainda um tabu.

"Aqui ninguém diz que está cansado. Se disser, vão pensar que não és forte." (Oficial Subalterno)

Esta cultura de contenção emocional pode ter efeitos devastadores. Christophe Dejours, ao analisar o sofrimento no trabalho, mostra que o silêncio institucional sobre a dor psíquica transforma o sofrimento em vergonha e esta, por sua vez, em sofrimento ético. O trabalhador sente-se culpado por não conseguir suportar aquilo que a instituição exige que seja suportado sem questionamento.

Essa vergonha impede que se procure ajuda, que se partilhem experiências e que se criem espaços colectivos de escuta. Com o tempo, instala-se uma cultura da indiferença institucional, onde o sofrimento é naturalizado como "parte do ofício" e onde pedir ajuda é visto como fraqueza ou indisciplina.

Fontes de motivação: o sentido da missão e a pertença colectiva

Apesar do mal-estar, os entrevistados também revelaram fontes de motivação resilientes. A mais recorrente é o sentimento de missão institucional: a consciência de servir o país, contribuir para a formação de novos quadros e participar num projecto nacional colectivo.

"Não é fácil, mas o que fazemos aqui é importante. Estamos a formar líderes. Isso dá-nos força." (Instrutor)

Este sentido de missão funciona como um amortecedor emocional. Mesmo em ambientes hostis, o trabalhador militar mobiliza valores superiores como a pátria, a lealdade e a disciplina para sustentar o seu compromisso profissional.

Outro factor motivacional apontado é a solidariedade entre colegas. Em contextos de precariedade institucional, os laços horizontais tornam-se uma rede de suporte simbólico.

"Os colegas são quem nos segura. Há compreensão, há partilha. Se fosse só pelas chefias, muita gente já teria desistido."

Ausência de estruturas de apoio psicológico

Uma das fragilidades mais evidentes é a inexistência de serviços permanentes de apoio psicológico ou aconselhamento no ISEDEF. Em caso de exaustão, conflito interpessoal, luto ou crise emocional, os efectivos não têm a quem recorrer formalmente dentro da instituição.

A ausência desses serviços reforça a ideia de que o sofrimento deve ser resolvido individualmente ou ignorado. Cria-se uma cultura institucional onde "não se fala de sentimentos", mesmo quando estes afectam directamente o desempenho e a coesão das equipas.

Alguns participantes sugeriram a criação de uma "linha de escuta" ou de espaços de partilha entre pares, sem carácter disciplinar, como forma de iniciar uma mudança cultural. Essa proposta, mesmo embrionária, revela um desejo colectivo de mudança, um apelo por mais humanidade na relação institucional.

Impactos na produtividade e na coesão

O mal-estar emocional não é um problema apenas individual, ele afecta o funcionamento global da instituição. A baixa motivação leva à diminuição do empenho, à desresponsabilização funcional e à erosão do compromisso institucional. O clima de trabalho torna-se mais tenso, e a circulação da informação é comprometida por desconfiança, apatia ou medo.

A ausência de reconhecimento, combinada com a invisibilidade do sofrimento, produz um ambiente onde o trabalho se transforma num mero cumprimento de ordens, sem afecto, sem sentido, sem brilho. Isto compromete não apenas a eficácia pedagógica do ISEDEF, mas a sua própria razão de ser como instituição formadora de líderes militares.

Síntese e pistas de reflexão

O estudo da saúde mental e da motivação no ISEDEF revela a urgência de uma política institucional de cuidado, escuta e reconhecimento. A lógica do sacrifício absoluto precisa ser equilibrada com práticas de atenção ao sujeito, à sua história, aos seus limites e ao seu valor intrínseco.

O militar não é apenas um executor. É também um ser humano com emoções, fragilidades e potencialidades. Uma instituição que reconhece essa condição torna-se mais forte, mais justa e mais respeitada, tanto internamente como perante a sociedade civil.

3.5. Barreiras e potencialidades institucionais

Num ambiente institucional caracterizado por rigidez hierárquica, escassez de recursos e ausência de políticas estruturadas de QVT, as práticas informais desempenham um papel crucial na sustentação do bem-estar e da coesão organizacional. Mesmo quando não reconhecidas pela estrutura formal, essas práticas funcionam como mecanismos de protecção simbólica, compensação afectiva e resistência à desumanização institucional.

No ISEDEF, observou-se a existência de múltiplas microestratégias quotidianas que, embora aparentemente discretas, revelam uma sofisticada inteligência social e emocional por parte dos efectivos. Essas práticas informais de cuidado revelam que, mesmo num espaço hierarquizado, existem zonas de autonomia simbólica, onde se constrói humanidade, pertença e solidariedade.

Rituais colectivos e apoio entre pares

Uma das formas mais recorrentes de resistência simbólica é a solidariedade horizontal entre colegas. Em situações de sobrecarga, os efectivos frequentemente ajudam-se mutuamente, partilhando tarefas, oferecendo conselhos ou cobrindo temporariamente ausências.

"Quando alguém está muito sobrecarregado, os colegas tentam compensar. Há entreajuda. É isso que nos sustenta." (Técnico administrativo)

Este apoio mútuo não está formalizado em directivas internas, mas baseia-se numa ética tácita de camaradagem, cultivada nas relações diárias e reforçada pelo sentimento de pertença institucional. Essa solidariedade, embora invisível nos organogramas, constitui um verdadeiro amortecedor de sofrimento e uma fonte de resistência afectiva.

Outro exemplo são os pequenos rituais informais, como almoços partilhados, celebrações espontâneas de aniversários ou encontros durante as pausas. Embora simples, essas práticas ajudam a quebrar o isolamento, fortalecer vínculos e relembrar a dimensão humana do trabalho militar.

Espiritualidade como forma de resiliência

Alguns efectivos mencionaram a fé e a espiritualidade como elementos estruturantes da sua motivação e resiliência emocional. A oração pessoal, a leitura de textos sagrados e a participação em cerimónias religiosas informais funcionam como mecanismos de sentido e suporte emocional.

"Mesmo sem igreja aqui dentro, muitos de nós oramos antes de começar o dia. Dá força. É um apoio invisível." (Oficial)

A espiritualidade, nestes casos, actua como recurso simbólico de reequilíbrio interno, compensando a frieza institucional com afecto transcendental. Não se trata de uma prática institucionalizada, mas de uma resposta pessoal e comunitária à pressão do ambiente organizacional.

Expressões culturais locais e identidade colectiva

Identificaram-se ainda expressões culturais moçambicanas no quotidiano laboral que reforçam a identidade colectiva e criam pontes entre a vida militar e a vida social dos efectivos. Músicas, provérbios, brincadeiras linguísticas e expressões em línguas nacionais (como o changana, o macua ou o sena) são utilizadas como códigos partilhados de pertença.

"Quando a coisa está tensa, usamos um provérbio para aliviar. Rimos juntos, mesmo no meio da pressão."

Essas práticas culturais não só aliviam o stress como afirmam a identidade africana dentro de uma estrutura formal muitas vezes herdada de modelos europeus coloniais. Funcionam como forma de reapropriação simbólica do espaço militar, dando-lhe uma cor local e um sabor comunitário.

Micro-resistências ao autoritarismo institucional

Em alguns casos, observou-se a existência de micro-resistências simbólicas às lógicas autoritárias da instituição. Estas não se manifestam sob a forma de confronto aberto, mas como pequenas estratégias de autonomia:

- Escolher o momento certo para abordar uma chefia;
- Reinterpretar ordens de forma mais flexível;
- Criar espaços de discussão informal sobre o funcionamento da instituição;
- Evitar o cumprimento literal de normas desumanizantes.

Essas práticas não têm por objectivo a desobediência, mas sim a humanização do protocolo. Representam uma tentativa de proteger a dignidade individual face à impessoalidade da cadeia de comando, mostrando que mesmo numa estrutura verticalizada é possível gerar zonas de negociação simbólica.

Síntese e importância destas práticas

As práticas informais de cuidado no ISEDEF funcionam como tecido invisível que sustenta a vida institucional. Elas não substituem políticas formais de QVT, mas demonstram que os efectivos possuem recursos simbólicos, afectivos e culturais que lhes permitem resistir ao desgaste e reinventar formas de bem-estar mesmo em contextos adversos.

Reconhecer, valorizar e institucionalizar essas práticas sem as sufocar pode ser um caminho fecundo para construir uma política de QVT com raízes locais, legitimidade simbólica e eficácia prática. As soluções não estão apenas nos gabinetes de planeamento: estão, muitas vezes, nos corredores, nos pequenos gestos e nas palavras não ditas.

3.6. Considerações finais

O estudo empírico realizado no ISEDEF permitiu lançar luz sobre aspectos muitas vezes invisibilizados da vida institucional nas forças armadas: as percepções, os sentimentos, os dilemas e as micropráticas que estruturam a experiência do trabalho militar em contexto moçambicano.

Através das entrevistas, observações e análises temáticas, constatou-se que os efectivos do ISEDEF demonstram um elevado grau de compromisso com a missão institucional e um forte sentido de pertença. Contudo, esse compromisso convive com sentimentos de sobrecarga, invisibilidade e ausência de reconhecimento, revelando uma lacuna significativa entre a entrega individual e o apoio organizacional.

A Qualidade de Vida no Trabalho (QVT), neste contexto, não se apresenta como um luxo ou um suplemento opcional. Antes, revela-se como uma necessidade estratégica para a manutenção da eficácia, da coesão interna e da sustentabilidade emocional dos quadros militares de alto nível.

Síntese dos principais achados

1. As condições materiais são insuficientes, limitando o desempenho pleno das funções e minando a motivação;

2. A sobreposição de tarefas e a indefinição de funções contribuem para o desgaste e a perda de foco institucional;
3. O reconhecimento simbólico é quase inexistente, gerando sensação de inutilidade e desvalorização profissional;
4. As chefias intermédias estão sobrecarregadas e sem instrumentos para cuidar das suas equipas;
5. A saúde mental é negligenciada, e o sofrimento psíquico permanece silenciado;
6. Práticas informais de cuidado e solidariedade compensam, parcialmente, a ausência de políticas formais;
7. A espiritualidade, os laços culturais e os gestos de humanidade funcionam como formas de resistência simbólica.

Hipóteses interpretativas

A ausência de QVT nas instituições militares não é apenas resultado de falta de recursos. É, sobretudo, consequência de uma cultura organizacional baseada na lógica do sacrifício, onde o reconhecimento é confundido com fraqueza, e o cuidado com permissividade. Esta lógica precisa ser desconstruída.

Ao recusar a escuta, a instituição militar corre o risco de produzir efectivos obedientes, mas emocionalmente distantes; disciplinados, mas descomprometidos; presentes, mas resignados. Esta desconexão simbólica é um risco grave e frequentemente invisível para a própria estabilidade da instituição.

Propostas de acção institucional

Com base nos dados recolhidos e nas práticas observadas, é possível formular algumas propostas realistas e adaptadas ao contexto do ISEDEF (e, por extensão, às FADM):

a) Criar um Núcleo Interno de Escuta e Apoio Psicossocial, com carácter confidencial, composto por pessoal militar com formação em aconselhamento, mediadores institucionais ou apoio externo especializado.

b) Desenvolver programas de formação em liderança humanizada para chefias intermédias, com foco em escuta activa, gestão de conflitos, motivação e saúde emocional.

c) Institucionalizar rituais de reconhecimento simbólico, como entrega de certificados de mérito, elogios formais em cerimónias, publicação de boas práticas, e valorização de iniciativas individuais.

d) Estabelecer canais permanentes de comunicação interna, com boletins informativos, espaços de escuta colectiva e divulgação transparente de critérios de avaliação.

e) Criar espaços para actividades culturais, espirituais e recreativas que promovam o convívio, o alívio do stress e o fortalecimento dos laços identitários.

Estas medidas não exigem, necessariamente, grandes investimentos financeiros. Exigem, sobretudo, vontade política, coragem institucional e reconhecimento da dimensão humana do trabalho militar.

Transição para o próximo capítulo

Este capítulo teve por objectivo dar voz aos efectivos militares moçambicanos e, ao mesmo tempo, propor caminhos viáveis para a transformação institucional. A partir da escuta das experiências vividas no ISEDEF, emergem aprendizagens valiosas sobre como pensar uma QVT situada, contextualizada e coerente com a realidade africana.

No capítulo seguinte, avançaremos para uma análise mais ampla, propondo um modelo conceptual e estratégico de QVT adaptado às instituições militares em países em desenvolvimento, com base na intersecção entre teoria crítica, dados empíricos e boas práticas internacionais.

CAPÍTULO 4

Um modelo de Qualidade de Vida no Trabalho para contextos militares africanos: princípios, eixos e estratégias

A Quality of Work Life Model for African Military Contexts: Principles, Axes, and Strategies

4.1. Introdução

Os capítulos anteriores evidenciaram que a Qualidade de Vida no Trabalho (QVT) no contexto militar moçambicano e, por extensão, em diversos países africanos está condicionada por múltiplos factores de ordem histórica, organizacional e simbólica. A ausência de políticas formais, a rigidez das estruturas hierárquicas e a invisibilidade do sofrimento institucional constituem obstáculos persistentes à construção de ambientes laborais mais humanos, eficazes e sustentáveis.

Neste cenário, torna-se urgente propor um modelo de QVT que seja simultaneamente crítico, contextualizado e exequível. Crítico, porque não pode simplesmente reproduzir paradigmas ocidentais desligados da realidade africana. Contextualizado, porque deve partir das condições concretas das instituições militares nos países em desenvolvimento. E exequível, porque deve ser compatível com os recursos, os quadros normativos e as culturas organizacionais existentes.

Este capítulo propõe um modelo conceptual e estratégico de QVT adaptado aos contextos militares africanos, com base em três pilares fundamentais:

1. **Princípios orientadores,** que definem a filosofia institucional da QVT proposta;
2. **Eixos estruturantes,** que organizam as dimensões centrais de intervenção;
3. **Estratégias de acção,** que traduzem os princípios em práticas concretas e aplicáveis.

Ao elaborar este modelo, partimos da premissa de que a QVT deve ser pensada não como um benefício adicional, mas como uma função institucional permanente. Uma função que contribui directamente para a moral das tropas, para a eficiência operativa e para a legitimidade simbólica das forças armadas perante a sociedade.

É com este espírito que se estrutura o presente capítulo: como um convite à reflexão estratégica e à acção transformadora, sem negar os constrangimentos, mas apostando nas possibilidades.

4.2. Princípios orientadores da QVT em contextos militares africanos

A definição de um modelo estratégico de Qualidade de Vida no Trabalho (QVT) para instituições militares em países em desenvolvimento exige, antes de mais, a formulação clara dos seus princípios orientadores. Estes não são meras abstrações, mas fundamentos que servem de critério para a concepção, aplicação e avaliação de políticas institucionais.

Em contextos marcados por limitações materiais, rigidez hierárquica e heranças autoritárias, é precisamente a força dos princípios que pode garantir coerência, legitimidade e orientação ética à acção institucional. A seguir, apresentam-se os cinco princípios estruturantes do modelo proposto.

1. Dignidade institucional

Este princípio estabelece que todos os efectivos militares, independentemente da sua posição hierárquica ou função exercida, devem ser tratados com respeito, justiça e reconhecimento. A dignidade não é negociável nem relativa: é um valor inegociável que deve atravessar todas as decisões administrativas, operacionais e simbólicas da instituição.

Reconhecer a dignidade dos efectivos significa, também, garantir-lhes condições mínimas de trabalho, escuta activa, acesso à informação e tratamento imparcial. A autoridade institucional deve ser exercida sem humilhação, sem arbitrariedade e sem desumanização.

2. Soberania organizacional contextualizada

Em países africanos, a aplicação de modelos de gestão importados sem adaptação ao contexto histórico e institucional tem conduzido, frequentemente, a fracassos funcionais e simbólicos. Este modelo parte do princípio de que a QVT deve ser formulada a partir da realidade local, respeitando as tradições, os recursos disponíveis e as culturas organizacionais existentes.

A soberania organizacional pressupõe a capacidade de construir soluções próprias, sem dependência de fórmulas externas. Não se trata de rejeitar experiências internacionais, mas de filtrá-las criticamente à luz das necessidades, possibilidades e identidade das forças armadas locais.

3. Liderança humanizada e estratégica

O modelo propõe uma reconceptualização da liderança militar: uma liderança firme nos princípios, clara nas decisões, mas sensível ao bem-estar das pessoas. Chefias que sabem escutar, reconhecer e apoiar tornam-se mais eficazes na mobilização das equipas e mais respeitadas na manutenção da ordem.

Liderar não é apenas mandar. É inspirar, sustentar e responsabilizar. A liderança humanizada é uma ferramenta de coesão e de autoridade legítima. Nas instituições militares, ela deve ser ensinada, treinada e valorizada como competência estratégica.

4. Participação responsável

Mesmo em instituições hierarquizadas, é possível e necessário criar espaços regulados de escuta e participação. A QVT não se constrói de cima para baixo; exige o envolvimento dos próprios efectivos na formulação das medidas que os afectam directamente.

Este princípio implica que o efectivo não seja visto como mero executor, mas como sujeito portador de saberes práticos e vivências que podem contribuir para o aperfeiçoamento institucional. A participação responsável não fragiliza a hierarquia, fortalece-a com legitimidade e coesão interna.

5. Sustentabilidade e continuidade estratégica

Por fim, toda política de QVT deve ser viável no curto prazo e sustentável no longo prazo. Isso significa compatibilizar ambição transformadora com realismo operacional. A criação de espaços de bem-estar não pode depender apenas de vontades pessoais ou contextos excepcionais deve ser institucionalizada, orçamentada e avaliada periodicamente.

A sustentabilidade exige integração da QVT nos instrumentos formais da instituição: nos planos estratégicos, nos relatórios de desempenho, nas formações internas e nos mecanismos de avaliação de comando. Sem continuidade, as boas práticas diluem-se e a confiança institucional é minada.

Estes cinco princípios formam a base filosófica e operacional do modelo de QVT proposto para contextos militares africanos. Eles devem orientar a construção dos eixos estruturantes (que veremos na secção seguinte) e das estratégias práticas (a serem apresentadas no fecho do capítulo).

4.3. Eixos estruturantes do modelo de QVT em instituições militares africanas

A operacionalização da QVT nas forças armadas não deve ser pensada como uma política isolada, mas como um sistema articulado de intervenções, organizado por eixos complementares. Cada eixo estrutura uma dimensão crítica da vida institucional que, ao ser activada estrategicamente, contribui para um ambiente de trabalho mais justo, coeso e sustentável.

Os cinco eixos que compõem este modelo foram definidos com base nos dados empíricos recolhidos no ISEDEF, na literatura internacional adaptada ao contexto africano, e nas práticas informais já existentes nas instituições militares. Eles respondem directamente às necessidades identificadas no terreno e oferecem um caminho realista e cumulativo de mudança organizacional.

Eixo 1 – Infraestrutura digna e funcional

A base material da QVT é a garantia de condições mínimas de dignidade física e funcional no local de trabalho. Isso inclui:

- Instalações seguras e limpas;
- Mobiliário adequado e suficiente;
- Acesso regular a água potável e saneamento básico;
- Recursos tecnológicos essenciais ao desempenho das funções.

Trabalhar num ambiente degradado ou improvisado comunica, simbolicamente, que o efectivo não é valorizado. A dignidade começa no espaço físico, não apenas pela estética, mas pelo respeito à integridade do trabalhador militar.

Eixo 2 – Reconhecimento simbólico e valorização moral

O reconhecimento é uma dimensão essencial da motivação e da coesão institucional. Para além dos salários e promoções formais, o efectivo deve sentir que o seu esforço é visto, reconhecido e valorizado.

Este eixo propõe:

- Cerimónias internas de elogio e mérito;
- Certificados formais de desempenho;
- Divulgação de boas práticas;
- Celebração de datas relevantes (anos de serviço, aniversários, etc.).

A ausência de reconhecimento simbólico desumaniza o trabalho militar. Ao contrário, a sua institucionalização reforça o orgulho, alimenta o sentido de pertença e reduz o clima de ressentimento silencioso.

Eixo 3 – Escuta organizacional e comunicação interna

Um sistema de QVT eficaz depende da existência de canais estáveis de escuta e comunicação horizontal. A hierarquia não deve ser um obstáculo à partilha de ideias, preocupações e propostas.

Este eixo contempla:

- Reuniões regulares abertas por categoria funcional;
- Caixas de sugestão com resposta institucional;
- Boletins informativos internos;
- Criação de grupos de referência para escuta estruturada.

A escuta activa não fragiliza a disciplina: fortalece a confiança. Quando os efectivos percebem que têm voz, ainda que limitada, desenvolvem maior sentido de responsabilidade e pertença institucional.

Eixo 4 – Saúde institucional e bem-estar psicossocial

A saúde mental e emocional deve ser tratada como uma dimensão estratégica da força institucional. O sofrimento psíquico não abordado mina a produtividade, a coesão e a legitimidade do comando.

Este eixo propõe:

- Criação de núcleos de apoio psicossocial (mesmo que com profissionais civis externos);
- Actividades físicas regulares e adaptadas;
- Espaços de conversa e partilha não-disciplinar;
- Acções preventivas sobre stress, trauma, luto e exaustão.

Este eixo é o mais sensível culturalmente, mas também o mais urgente. A negação sistemática da fragilidade emocional enfraquece a instituição, a sua escuta fortalece-a.

Eixo 5 – Cultura de liderança transformadora

A qualidade da liderança é o principal factor de impacto na QVT. Líderes humanos, éticos e estrategicamente conscientes produzem equipas mais motivadas, eficazes e leais.

Este eixo inclui:

- Formação regular em liderança empática e escuta activa;
- Mecanismos de feedback dos subordinados às chefias;
- Avaliação de desempenho das chefias também sob critérios relacionais;
- Reconhecimento público de boas lideranças.

Uma liderança transformadora não abandona a autoridade, redefine-a como uma força de orientação, inspiração e cuidado. Esta mudança cultural, embora profunda, é possível e desejável nos contextos militares africanos.

Estes cinco eixos compõem um modelo integrado, modular e progressivo. A sua implementação não exige rupturas radicais, mas compromissos graduais, consistentes e legitimados institucionalmente. Juntos, eles formam a arquitectura estratégica da QVT que se propõe para as forças armadas em países em desenvolvimento.

4.4. Estratégias de acção e recomendações finais

A implementação de um modelo de QVT nas forças armadas requer estratégias de actuação diferenciadas por níveis, compatíveis com a estrutura organizacional e com os recursos disponíveis. Para garantir eficácia e sustentabilidade, estas estratégias devem ser simultaneamente:

- Contextualizadas (adaptadas à realidade sociocultural e institucional);
- Cumulativas (permitindo avanços graduais e consistentes);
- Integradas (conectadas aos eixos propostos no modelo).

A seguir, apresentam-se estratégias distribuídas por três níveis de actuação: local (unidade/missão), institucional (ramo ou Estado-Maior) e político (Ministério da Defesa/Presidência). Cada nível contribui para a transformação sistémica da QVT com base em acções específicas e realistas.

1. Nível local: práticas imediatas e de baixo custo

Estas estratégias são dirigidas a unidades específicas, como o ISEDEF, e podem ser implementadas com autonomia relativa por chefias locais:

- Criação de comissões internas de escuta: pequenos grupos funcionais que reúnam sugestões, feedback e preocupações dos efectivos em reuniões mensais.
- Reforço da valorização simbólica: entrega regular de certificados de mérito, elogios em cerimónias, menções em murais institucionais.
- Agenda cultural interna: promoção de actividades culturais, desportivas ou comemorativas (ex. dias de unidade, almoços colectivos, torneios internos).
- Organização do espaço físico: pequenas intervenções participativas de requalificação de instalações (jardins, salas de pausa, espaços comuns).
- Grupos de apoio entre pares: encontros voluntários para partilha de experiências e escuta mútua (com ou sem mediação formal).

Estas acções, embora simples, geram mudanças perceptíveis no ambiente laboral e reforçam o sentimento de pertença e reconhecimento. Servem como "sementes institucionais" de transformação.

2. Nível institucional: acções estruturantes e duradouras

Estas estratégias devem ser promovidas pelo comando das FADM ou ramos específicos (Exército, Marinha, Força Aérea), com coordenação interdepartamental:

- Criação de um Plano Estratégico de QVT nas FADM, com metas, cronograma, orçamento e indicadores claros.
- Inclusão da QVT nos relatórios de desempenho de chefias, considerando critérios de escuta, ética e motivação das equipas.
- Formação contínua em liderança humanizada, integrando módulos sobre comunicação, resolução de conflitos, saúde emocional e gestão da diversidade.
- Institucionalização de núcleos de apoio psicossocial, com parcerias civis, universidades ou profissionais reformados das FADM.
- Revisão das políticas de avaliação e progressão, garantindo maior transparência e inclusão de elementos não apenas técnicos, mas também relacionais.

Estas medidas fortalecem a estrutura interna, transformando a QVT de "iniciativa ocasional" em componente estratégica da organização militar.

3. Nível político: orientações normativas e legitimação pública

Estas estratégias dependem do envolvimento de órgãos superiores do Estado e da articulação com o Ministério da Defesa Nacional e o Comando Supremo das Forças Armadas:

- Aprovação de um Decreto ou Directiva Nacional sobre QVT no sector da Defesa, definindo princípios, eixos e competências institucionais.
- Criação de um Observatório Nacional de QVT nas Forças Armadas, com representação de diversos sectores (militar, académico, jurídico e de saúde).
- Integração da QVT nos programas de ensino militar de nível superior, como disciplina obrigatória para quadros de comando.
- Promoção pública do bem-estar institucional nas FADM, através de campanhas que valorizem o cuidado, o respeito e o compromisso ético com os efectivos.
- Alocação orçamental dedicada à QVT, garantindo meios mínimos para acções locais e programas estruturais.

A acção a este nível confere legitimidade normativa, respaldo político e visibilidade social à agenda de QVT. Permite que a mudança local se sustente e se amplie numa lógica de política pública.

Considerações finais do capítulo

O modelo aqui proposto não é um fim em si mesmo, mas um ponto de partida para acções concretas de valorização do efectivo militar em países africanos. Ele parte de uma visão realista das limitações institucionais, mas recusa o imobilismo. Acredita que a transformação é possível, desde que fundada em escuta, coragem e estratégia.

Não há desenvolvimento nacional sem instituições públicas fortes. E não há instituições fortes sem trabalhadores respeitados, escutados e reconhecidos. A Qualidade de Vida no Trabalho nas forças armadas é, por isso, uma questão de soberania, de justiça e de futuro.

CAPÍTULO 5

Considerações finais e perspectivas futuras

Final Considerations and Future Perspectives

Ao longo dos capítulos que compõem esta obra, procurou-se desenvolver uma análise crítica, situada e propositiva sobre a Qualidade de Vida no Trabalho (QVT) em contextos militares africanos, com ênfase no caso moçambicano. A partir da intersecção entre teoria sociológica, dados empíricos e propostas estratégicas, foi possível construir um percurso que começa no diagnóstico das dificuldades institucionais e culmina na apresentação de um modelo operacional de QVT aplicável às Forças Armadas de países em desenvolvimento.

Este percurso reafirma uma convicção central: a QVT nas instituições militares não é uma concessão, é um direito, uma responsabilidade estratégica e uma forma concreta de fortalecer a soberania nacional. Cuidar dos efectivos é cuidar da defesa. Reconhecer o valor simbólico, emocional e operativo do trabalho militar é uma condição para a construção de forças armadas mais eficazes, respeitadas e resilientes.

Síntese dos contributos do livro

1. **Fundamentação teórica crítica:** A análise da QVT foi enraizada em modelos clássicos (Walton, Dejours, Bourdieu), mas sempre reinterpretados à luz do contexto africano.
2. **Diagnóstico institucional situado:** O estudo de caso do ISEDEF mostrou como se manifesta, no quotidiano, a tensão entre hierarquia e humanização, revelando práticas de sofrimento e de resistência.
3. **Modelo de QVT adaptado:** Propôs-se um modelo com princípios, eixos e estratégias, concebido para ser progressivo, aplicável e culturalmente enraizado.
4. **Visão integrada e propositiva:** O livro articula diagnóstico com solução, teoria com prática, escuta com estratégia.

O contributo aqui desenvolvido pretende servir como referência para investigadores, decisores políticos, quadros militares e gestores públicos comprometidos com a valorização das instituições nacionais.

Desafios persistentes

Apesar do avanço teórico e empírico, reconhecem-se limitações que devem ser encaradas com lucidez:

- Falta de instrumentos normativos específicos sobre QVT no sector da defesa;
- Resistência cultural à escuta emocional nas hierarquias militares;
- Restrição orçamental crónica que afecta a implementação de programas estruturais;
- Insuficiente formação de lideranças humanas com sensibilidade para o bem-estar organizacional.

Esses desafios não anulam a viabilidade do modelo proposto. Pelo contrário, apontam os pontos onde a acção deve ser mais intencional e estratégica.

Perspectivas futuras

Este livro também abre possibilidades para projectos de investigação, intervenção e cooperação em múltiplas frentes:

1. Investigação científica

- Estudos comparativos entre diferentes forças armadas africanas (ex.: Angola, Cabo Verde, África do Sul);
- Avaliação longitudinal do impacto de medidas de QVT em unidades específicas;
- Análise de género na experiência laboral militar.

2. Formação institucional

- Desenvolvimento de currículos de QVT em academias militares;
- Capacitação de chefias e gestores em escuta organizacional e liderança empática.

3. Políticas públicas

- Formulação de uma Política Nacional de Bem-Estar Militar;
- Criação de uma unidade técnica interministerial (Defesa, Administração, Saúde) dedicada à QVT.

4. Cooperação internacional

- Parcerias Sul-Sul com países africanos que já iniciaram programas similares;
- Cooperação académica com universidades europeias e latino-americanas para intercâmbio de experiências.

O que se defende aqui é um novo paradigma de gestão pública militar: um paradigma que reconhece que a autoridade institucional não deve ser exercida contra o ser humano, mas a seu favor.

Encerramento

Este livro é, antes de tudo, um convite à escuta: escutar o efectivo, escutar a instituição, escutar o país. É também um acto de compromisso com a transformação possível. Não se trata de idealizar as forças armadas, mas de reconhecê-las como instituições centrais do Estado, que precisam ser fortalecidas com ética, estratégia e humanidade.

Numa época em que a confiança pública nas instituições está fragilizada, apostar na dignidade do trabalhador militar é reafirmar o valor da República. Porque não há defesa nacional sem afecto. Não há soberania sem justiça interna. E não há Estado forte sem soldados respeitados.

Bibliografia

Alves, J. R. (2016). Qualidade de vida no trabalho: Conceito e práticas nas organizações contemporâneas. Escolar Editora.

Antunes, R. (2009). Os sentidos do trabalho: Ensaio sobre a afirmação e a negação do trabalho (10.ª ed.). Boitempo.

Bastos, A. V. B. (2012). Trabalho, trabalhador e subjectividade: Contributos para uma psicologia social do trabalho. Psicologia & Sociedade, 24(n. esp.), 11–20. https://doi.org/10.1590/S0102-71822012000500003

Baudrillard, J. (1993). A sociedade de consumo. Edições 70.

Bourdieu, P. (1998). A dominação masculina. Bertrand Editora.

Bourdieu, P. (2001). O poder simbólico. Bertrand Brasil.

Crozier, M., & Friedberg, E. (1977). L'acteur et le système: Les contraintes de l'action collective. Éditions du Seuil.

Dejours, C. (2000). A banalização da injustiça social. FGV Editora.

Ferreira, M. C., & Alves, L. (2009). Saúde e qualidade de vida no trabalho. In M. C. Ferreira & L. D. Mendes (Orgs.), Trabalho e qualidade de vida na sociedade contemporânea (pp. 13–32). Artmed.

Ferreira, M. C. (2008). Qualidade de vida no trabalho: Uma abordagem centrada no olhar dos trabalhadores. Revista de Administração Mackenzie, 9(6), 31–52. https://doi.org/10.1590/S1678-69712008000600004

Freitas, M. E. (2007). Cultura organizacional: Identidade e sedução no mundo corporativo. FGV Editora.

Gil, A. C. (2008). Métodos e técnicas de pesquisa social (6.ª ed.). Atlas.

Hackman, J. R., & Oldham, G. R. (1975). Development of the Job Diagnostic Survey. Journal of Applied Psychology, 60(2), 159–170. https://doi.org/10.1037/h0076546

Lazarus, R. S., & Folkman, S. (1984). Stress, appraisal, and coping. Springer.

Mamman, A., Kamoche, K., & Bino, T. (2019). Managing human resources in Africa: The need for a contextual approach. The International Journal of Human Resource Management, 30(2), 217–245. https://doi.org/10.1080/09585192.2018.1511612

Medeiros, C. A. (2011). Os militares e o mal-estar organizacional. Cadernos EBAPE.BR, 9(2), 353–374. https://doi.org/10.1590/S1679-39512011000200009

Morin, E. (2001). A cabeça bem-feita: Repensar a reforma, reformar o pensamento. Bertrand Brasil.

Otoo, F. E., Chung, E., & van der Sluis, L. (2020). Human resource development in Sub-Saharan Africa: The need for context-specific approaches. Human Resource Development International, 23(3), 219–239. https://doi.org/10.1080/13678868.2020.1713045

Pereira, M. E. (2013). Gestão estratégica de pessoas e qualidade de vida no trabalho: Desafios para o sector público. Revista do Serviço Público, 64(1), 51–69. https://doi.org/10.21874/rsp.v64i1.68

Santos, B. S. (2006). A gramática do tempo: Para uma nova cultura política. Cortez.

Sirgy, M. J., Efraty, D., Siegel, P., & Lee, D.-J. (2001). A new measure of quality of work life (QWL) based on need satisfaction and spillover theories. Social Indicators Research, 55(3), 241–302. https://doi.org/10.1023/A:1010986923468

Walton, R. E. (1973). Quality of work life: What is it? Sloan Management Review, 15(1), 11–21.